Für

No. 30
Schöner lesen!

MIX
Papier aus verantwortungsvollen Quellen
FSC® C144853
FSC
www.fsc.org

ISBN 978-3-649-64252-7

Hafenweg 30, 48155 Münster, Germany

Grafische Gestaltung: Daniela Lengers, Laer
Redaktion: Kreativlektorat Daniela Vogel, Finnentrop

www.coppenrath.de

O DU FRÖHLICHE!

Gedichte, Lieder und Gedanken

COPPENRATH

„*Fröhliche Weihnacht überall*",
tönet durch die Lüfte froher Schall.
Weihnachtston, Weihnachtsbaum,
Weihnachtsduft in jedem Raum.
„Fröhliche Weihnacht überall",
tönet durch die Lüfte froher Schall.

VOLKSGUT

Jedes Mal,
wenn zwei Menschen einander verzeihen,
ist Weihnachten.
Jedes Mal,
wenn ihr Verständnis zeigt für eure Kinder,
ist Weihnachten.
Jedes Mal,
wenn ihr einem Menschen helft,
ist Weihnachten.
Jedes Mal,
wenn ein Kind geboren wird,
ist Weihnachten.
Jedes Mal,
wenn du versuchst, deinem Leben
einen neuen Sinn zu geben,
ist Weihnachten.

AUS BRASILIEN

ERSTER SCHNEE

Aus silbergrauen Gründen tritt
ein schlankes Reh
im winterlichen Wald
und prüft vorsichtig, Schritt für Schritt,
den reinen, kühlen, frischgefallenen Schnee.
Und deiner denk ich, zierlichste Gestalt.

CHRISTIAN MORGENSTERN

Schöpfer, deine Herrlichkeit
leuchtet auch zur Winterzeit
in der wolkenlosen Luft,
in dem Schnee, im Reif und Duft.

JOHANN KASPAR LAVATER

Es wächst viel Brot in der
Winternacht,
weil unter dem Schnee frisch grünet die Saat;
erst wenn im Lenze die Sonne lacht,
spürst du, was Gutes der Winter tat.

FRIEDRICH WILHELM WEBER

DIE WEISSE WEIHNACHTSROSE

Wenn über Wege tief beschneit
der Schlitten lustig rennt,
im Spätjahr in der Dämmerzeit,
die Wochen im Advent,
wenn aus dem Schnee das junge Reh
sich Kräuter sucht und Moose,
blüht unverdorrt im Frost noch fort
die weiße Weihnachtsrose.

HERMANN LINGG

Schnee, zärtliches Grüßen
der Engel,
schwebe, sinke –
breit alles in Schweigen
und Vergessenheit!
Gibt es noch Böses,
wo Schnee liegt?
Verhüllt, verfernt er nicht
alles zu Nahe und Harte
mit seiner beschwichtigenden
Weichheit, und dämpft selbst
die Schritte des Lautesten
in leise?
Schnee, zärtliches Grüßen
der Engel,
den Menschen, den Tieren! –
Weißeste Feier
der Abgeschiedenheit.

FRANCISCA STOECKLIN

Der dünne Schnee, der von Norden her weht und sich auf meinem Mantel niederlässt, besteht aus schönen Kristallsternen, nicht aus wattigen, rundlichen Speichen wie neulich, sondern aus dünnen und teilweise durchsichtigen Kristallen. Sie haben einen Durchmesser von ungefähr zwei Millimetern, vollendete kleine Rädchen ohne Felgen, oder besser: mit sechs vollkommenen farnartigen Blättchen, mit einer deutlichen, geraden und schlanken Mittelrippe strahlenförmig vom Zentrum ... Wie ist die Luft, die sie erzeugt, voll Schöpfergeist! Meine Bewunderung wäre nicht größer, wenn wirkliche Sterne herniederfielen und sich auf meinen Mantel setzten. Die Natur ist voller Genie, voller Göttlichkeit, sodass nicht eine Schneeflocke ihrer formenden Hand entkommt. Etwas Göttliches muss sich in ihnen geregt haben, bevor die Kristalle so wuchsen und erstarrten.

HENRY DAVID THOREAU

WINTERLIED

Das Feld ist weiß, so blank und rein,
vergoldet von der Sonne Schein,
die blaue Luft ist stille;
hell, wie Kristall
blinkt überall
der Fluren Silberhülle.

Von Reifenduft befiedert sind
die Zweige rings, die sanfte Wind'
im Sonnenstrahl bewegen.
Dort stäubt vom Baum
der Flocken Pflaum
wie leichter Blütenregen.

Tief sinkt der braune Tannenast
und drohet, mit des Schnees Last
den Wandrer zu beschütten;
vom Frost der Nacht
gehärtet, kracht
der Weg von seinen Tritten.

Das Bächlein schleicht, von Eis geengt;
voll lautrer blauer Zacken hängt
das Dach; es stockt die Quelle;
im Sturze harrt,
zu Glas erstarrt,
des Wasserfalles Welle.

Die blaue Meise piepet laut;
der muntre Sperling pickt vertraut
die Körner vor der Scheune.
Der Zeisig hüpft
vergnügt und schlüpft
durch blätterlose Haine.

Wohlan! Auf festgediegner Bahn
klimm ich den Hügel schnell hinan
und blicke froh ins Weite;
und preise den,
der rings so schön
die Silberflocken streute.

JOHANN GAUDENZ VON SALIS-SEEWIS

Noch ist Herbst nicht ganz entflohn,
aber als Knecht Ruprecht schon
kommt der Winter hergeschritten,
und alsbald aus Schnees Mitten
klingt des Schlittenglöckleins Ton.

Und was jüngst noch, fern und nah,
bunt auf uns herniedersah,
weiß sind Türme, Dächer, Zweige,
und das Jahr geht auf die Neige,
und das schönste Fest ist da.

Tag du der Geburt des Herrn,
heute bist du uns noch fern,
aber Tannen, Engel, Fahnen
lassen uns den Tag schon ahnen,
und wir sehen schon den Stern.

THEODOR FONTANE

O DU SCHÖNE
WEIHNACHTSZEIT,
WIE HAB ICH DICH
DOCH SO LIEB.

PETER ROSEGGER

Es wird *Weihnachten!* Mein ganzes Haus riecht schon nach braunem Kuchen – versteht sich nach Mutters Rezept –, und ich sitze sozusagen schon seit einer Woche im Scheine des Tannenbaums. Ja, wie ich den Nagel meines Daumens besehe, so ist auch der schon halbwegs vergoldet. Denn ich arbeite jetzt abends nur in Schaumgold, Knittergold und bunten Bonbonpapieren; und während ich Netze schneide und Tannen- und Fichtenäpfel vergolde und die Frauen, das heißt meine Frau und Röschen, Lisbeths Puppe ausputzen, liest Onkel Otto uns die „Klausen-

burg“ von Tieck vor oder gibt hin und wieder eine Probe aus den Bilderbüchern, die Hans und Ernst auf den Teller gelegt werden sollen. Gestern Abend habe ich sogar Mandeln und Zitronat für die Weihnachtskuchen schneiden helfen, auch Kardamom dazu gestoßen und Hirschhornsalz. Den Vormittag war ich stundenlang auf den Bergen in den Wäldern herumgeklettert, um die Tannenäpfel zu suchen. Ja, ihr hättet mich sogar in meinem dicken Wintermantel hoch oben in einer Tannenspitze sehen können.
Jeden Morgen die letzten Tage kommt der Postbote und bringt ein Päckchen oder einen Brief aus der Heimat oder aus der Fremde von Freunden. Die Weihnachtszeit ist doch noch gerade so schön, wie sie in meinen Kinderjahren war.
Wenn nur noch der Schnee kommen wollte; wir wohnen hier so schön einsam zwischen den Bergen, da müsste der Weihnachtsbaum, wenn er erst brennt, prächtig in die Winterlandschaft hinausleuchten.

THEODOR STORM AN SEINE ELTERN

Alle Jahre wieder

kommt das Christuskind
auf die Erde nieder,
wo wir Menschen sind.

Kehrt mit seinem Segen
ein in jedes Haus,
geht auf allen Wegen
mit uns ein und aus.

Steht auch dir zur Seite
still und unerkannt,
dass es treu dich leite
an der lieben Hand.

WILHELM HEY

Denkt euch, ich habe das Christkind gesehn!
Es kam aus dem Wald, das Mützchen voll Schnee,
mit rotgefrorenem Näschen.

Denn es trug einen Sack,
der war gar schwer,
schleppte und polterte hinter ihm her.

Was drin war, möchtet ihr wissen?
Ihr Naseweise, ihr Schelmenpack,
meint ihr, er wäre offen, der Sack?

Zugebunden bis oben hin!
Doch war gewiss etwas Schönes drin,
es roch so nach Äpfeln und Nüssen!

ANNA RITTER

Dezembertage! Da liegt draußen die Natur im ersten und darum im allertiefsten Schlummer. Nichts passierte, was die Stille dieser Tage gewaltsam durchbrochen hätte.

Da wurde das Unbedeutende bedeutend. Alltägliches ins Licht gerückt.

Weihnachten war nicht mehr fern. Da saß ich manchmal in der wohldurchwärmten Gast- und Wohnstube bei den jungen Mädchen, wenn ihre geschickten Hände arbeiteten für Christkindleins Magazine. Und dann empfand ich auch wieder etwas von dem Adventszauber der frohen Kindheit, und manchmal ging ich ans Klavier und spielte den Choral: „Tauet, Himmel, den Gerechten", oder ich sang den kostbaren lateinischen Text, den ich immer besonders liebgehabt habe, weil er mitten im Winternebel den Blick eröffnet auf einen Tag lichten Glanzes. Dann sangen die beiden Mädchen manchmal leise mit, und ich verfiel in Träumereien am Klavier. Weihnachtslieder spielte ich.

PAUL KELLER

O du fröhliche,
o du selige,
gnadenbringende
Weihnachtszeit!

JOHANNES DANIEL FALK

WEIHNACHTSABEND

An die hellen Fenster kommt er gegangen
und schaut in des Zimmers Raum;
die Kinder alle tanzten und sangen
um den brennenden Weihnachtsbaum.

Da pocht ihm das Herz, dass es will zerspringen;
„O“, ruft er, „lasst mich hinein!
Was Frommes, was Fröhliches will ich euch singen
zu dem hellen Kerzenschein.“

THEODOR STORM

Weißer Flöckchen Schwebefall,
stille Klarheit überall,
Glockenklang und Schellenklingen,
Mäulchen, die vom

Christkind

singen.
Flammen, die von grünen Zweigen
gläubig, strahlend aufwärts steigen,
und im tiefsten Herzen drinnen
ein Erinnern, ein Besinnen …

Neige dich, mein Herz, und bete,
dass das Christkind zu dir trete,
auch in deiner Schwachheit Gründen
eine Flamme zu entzünden,
die das Ringen deiner Tage
gläubig strahlend aufwärts trage.

ANNA RITTER

FRÖHLICH
SOLL MEIN HERZE
SPRINGEN
DIESER ZEIT,
DA VOR FREUD
ALLE ENGEL
SINGEN.

PAUL GERHARDT

WEIHNACHT

Zeit der Weihnacht, immer wieder
rührst du an mein altes Herz,
führst es fromm zurück
in sein früh'stes Glück,
kinderheimatwärts.

Kinder singen vor den Türen:
„Stille Nacht, Heilige Nacht!"
Durch die Scheiben bricht
hell ein Strom von Licht,
aller Glanz erwacht.

Und von Turm zu Turm ein Grüßen,
und von Herz zu Herz ein Sinn,
und die Liebe hält
aller Welt
ihre beiden Hände hin.

GUSTAV FALKE

DIE WEIHNACHTSFREUDE

Morgen, Kinder, wird's was geben!
Morgen werden wir uns freun!
Welche Wonne, welches Leben
wird in unserm Hause sein;
einmal werden wir noch wach,
heißa, dann ist Weihnachtstag!

Wie wird dann die Stube glänzen
von der großen Lichterzahl!
Schöner als bei frohen Tänzen
ein geputzter Kronensaal.
Wisst ihr noch, wie vor'ges Jahr
es am Heil'gen Abend war?

VOLKSGUT

KINDERWEIHNACHT

Weihnachten! Welch ein Zauber liegt in diesem Wort! Mir ist es immer, als öffnete sich damit der Blick in den Sternenhimmel und die Freude funkelte herab. Man stellt seine Sorgenlast für eine Weile beiseite und befreit seine Seele, damit sie hell dastehe, frei vom Alltagsstaub, und das Licht aufnimmt und widerstrahlt, Liebe empfängt und Liebe gibt. In wie vielen Herzen, die von der Not des Lebens dunkel geworden sind, strahlt das Licht der Weihnachtsfreude, wie viele Ohren, die sich verschlossen hatten, tun sich auf bei dem Klang der Weihnachtsglocken. Kommt auch bald wieder der Alltag zu seinem Recht, man hat doch immer wieder ins Licht schauen dürfen, man hat den Klang der Weihnachtglocken gehört, man war doch wieder einmal froh gewesen und hatte Liebe gegeben und empfangen. – Gesegnet sei darum unser liebes Weihnachtsfest! –

Wir lebten in einer kleinen Stadt Estlands, unser Haus lag dicht an der Kirche, und das Glockengeläute an den Festtagen durchtönte es bis in den letzten Winkel; dadurch hatten die Festtage bei uns ganz besonderes Gepräge. Auch verstand meine Mutter so wunderbar, Feste zu feiern.

Es war so viel Freude in ihr, und die Freude ging wie ein großer Strom voll Leben von ihr aus. Niemals aber empfanden wir das so stark wie in der Weihnachtszeit.

Wie herrlich waren schon die Vorbereitungen! Die ganze Adventszeit war so voller Erwartung; der bunte Adventsstern, der vom ersten Advent an in unserem Zimmer hing, die Advents- und Weihnachtslieder, die wir mit unserer Mutter sangen, und die Geheimnisse, die um uns entstanden! Es war gar kein Alltag mehr, denn jeder Tag war durchrauscht von froher Feststimmung und Erwartung.

Wie köstlich war es, wenn Mutter dazwischen in ihrem Zimmer verschwand und wir nicht hineinkommen durften! Wenn sie auf Besorgungen ging, bei denen wir sie nicht begleiten durften und von wo sie mit großen, geheimnisvollen Paketen wieder heimkam! Wie köstlich war es, auf

dem Fußboden von Mutters Zimmer dazwischen ein Stückchen Schaumgold zu finden! Wir dachten ganz sicher, die Engel hätten es von ihren Flügeln verloren. Und dann war plötzlich der Weihnachtsabend da! Geheimnisvoll rauschend wurde der Tannenbaum durch das Haus getragen, mit Herzklopfen lauschten wir, in unserem Kinderzimmer eingeschlossen, wie die Zweige unsere Tür streiften. Von diesem Augenblick an war das Wohnzimmer für uns den ganzen Tag verschlossen. Unsere Puppen saßen schon längst festlich gekleidet auf dem Fensterbrett und durften all die Herrlichkeiten früher als wir sehen. Wir lagen auf dem Fußboden und versuchten, durch die Ritze der Tür irgendeinen Schimmer der Herrlichkeit zu erspähen.
Ach, und wenn es dann Abend wurde und die verschlossene Tür sich weit auftat, Geheimnisse sich enthüllten und alles voll Glanz und Freude war! Weihnachtsfreude, Kinderseligkeit, so oft geschildert, so oft besungen, wer fände aber doch die rechten Worte, alles das ganz auszusprechen!

MONIKA HUNNIUS

Ein freundliches Gesicht
ist ein zweites Geschenk.

AUS ARABIEN

Das größte *Geschenk*
ist ein Stück von dir.

RALPH WALDO EMERSON

Eine Umarmung ist ein ideales Geschenk:
Die Größe passt jedem,
und niemand hat etwas dagegen,
wenn man es weitergibt.

HUGO BALL

DAS SCHÖNSTE

AM SCHENKEN

IST DAS LEUCHTEN

IN DEN AUGEN

DES BESCHENKTEN.

AUS RUSSLAND

Nun bricht die Heil'ge Nacht herein
mit Glockenklang und Kerzenschein,
und jedem grünen Tannenbaum
entstrahlt ein lichter Märchentraum.

FRIEDRICH DANNEMANN

O Tannenbaum,

o Tannenbaum,
wie treu sind deine Blätter.
Du grünst nicht nur zur Sommerzeit,
nein, auch im Winter, wenn es schneit.
O Tannenbaum, o Tannenbaum,
wie grün sind deine Blätter!

O Tannenbaum, o Tannenbaum,
du kannst mir sehr gefallen!
Wie oft hat schon zur Winterszeit
ein Baum von dir mich hoch erfreut!
O Tannenbaum, o Tannenbaum,
du kannst mir sehr gefallen!

ERNST ANSCHÜTZ

Der Weihnachtsbaum

mit Silber- und Goldketten, Fähnchen, Netzen und Sternen und mancher verlockenden Frucht behangen, strahlt mir entgegen, ach, nimmer so herrlich wie einst, da sein Glanz durch das ganze Jahr einen wärmenden Schein breitete und schon lange vorher beim Ausblasen einer Wachskerze das Herz in süßem, ahnungsvollem Schauer erbebte: „Es riecht nach Weihnachten."

HEINRICH SEIDEL

CHRISTBAUMNÜSSE

Kehrt der Weihnachtsabend wieder,
friedvoll und verheißungshold,
schmückt man viele tauben Nüsse
festlich mit dem Flittergold.

Und die goldnen Nüsse leuchten
herrlich in dem Lichtermeer,
wundersame Märchenfrüchte –
innen aber sind sie leer.

Und wie reich die schönen schimmern
so von außen, so von fern,
höher wären sie zu schätzen,
bärgen sie den süßen Kern:

Dienten sie nicht bloß den Träumen
eine Stunde oder zwei,
gäben sie auch brav zu zehren,
wenn das Friedensfest vorbei.

HANNS VON GUMPPENBERG

O Heiliger Abend,
mit Sternen besät,
wie lieblich und labend
dein Hauch mich umweht!
Vom Kindergetümmel,
vom Lichtergewimmel
aufschau ich gen Himmel
in leisem Gebet.

KARL GEROK

Der Stern von Bethlehem
ist ein Stern in dunkler Nacht –
auch heute noch.

EDITH STEIN

DER STERN

Hätt einer auch fast mehr Verstand
als wie die drei Weisen aus Morgenland
und ließe sich dünken, er wär wohl nie
dem Sternlein nachgereist wie sie;
dennoch, wenn nun das Weihnachtsfest
seine Lichtlein wonniglich scheinen lässt,
fällt auch auf sein verständig Gesicht,
er mag es merken oder nicht,
ein freundlicher Strahl
des Wundersternes von dazumal.

WILHELM BUSCH

WENN DAS HAUS
DURCHSICHTIG WIRD,
GEHÖREN DIE STERNE
MIT ZUM FEST.

HUGO VON HOFMANNSTHAL

WEIHNACHTEN

Leise weht's durch alle Lande
wie ein Gruß vom Sternenzelt,
schlinget neue Liebesbande
um die ganze weite Welt.

Hell aus jedem Fenster strahlet
wundersam des Christbaums Licht,
und der Freude Schimmer malet
sich auf jedem Angesicht.

O willkommen, Weihnachtsabend,
allen Menschen, groß und klein!
Friedebringend, froh und labend
mögst du allen Herzen sein!

ADELHEID HUMPERDINCK-WETTE

WEIHNACHTSSPRUCH

Am Weihnachtsbaum die Lichter brennen,
wie glänzt er festlich, lieb und mild,
als spräch er: Wollt in mir erkennen
getreuer Hoffnung stilles Bild.

Die Kinder stehn mit hellen Blicken,
das Auge lacht, es lacht das Herz;
o fröhlich', seliges Entzücken!
Die Alten schauen himmelwärts.

Zwei Engel sind hereingetreten,
kein Auge hat sie kommen sehn,
sie gehn zum Weihnachtstisch und beten
und wenden wieder sich und gehn:

„Gesegnet seid ihr alten Leute,
gesegnet sei du kleine Schar!
Wir bringen Gottes Segen heute
dem braunen wie dem weißen Haar.

Zu guten Menschen, die sich lieben,
schickt uns der Herr als Boten aus,
und seid ihr treu und fromm geblieben,
wir treten wieder in dies Haus!“ –

Kein Ohr hat ihren Spruch vernommen,
unsichtbar jedes Menschen Blick,
sind sie gegangen wie gekommen,
doch Gottes Segen blieb zurück!

HERMANN KLETKE

Engel,
die Gott zugesehen
Sonn' und Mond
und Sterne bauen,
sprachen:
Herr,
es ist auch schön,
mit dem Kind
ins Nest zu schauen.

CLEMENS BRENTANO

WEIHNACHTEN

Markt und Straßen stehn verlassen,
still erleuchtet jedes Haus,
sinnend geh ich durch die Gassen,
alles sieht so festlich aus.

An den Fenstern haben Frauen
buntes Spielzeug fromm geschmückt,
tausend Kindlein stehn und schauen,
sind so wunderstill beglückt.

Und ich wandre aus den Mauern
bis hinaus ins freie Feld,
hehres Glänzen, heil'ges Schauern!
Wie so weit und still die Welt!

Sterne hoch die Kreise schlingen,
aus des Schnees Einsamkeit
steigt's wie wunderbares Singen –
o du gnadenreiche Zeit!

JOSEPH VON EICHENDORFF

Das Weihnachtsfest war nahe, wir konnten die Tage bis zum 24. Dezember schon an den Fingern abzählen, als sich etwas begab, das uns in die größte Aufregung versetzte. Vor unsern Nasen gleichsam verschwanden unsere Puppen. Auf einmal waren alle fort. Eine vollständige Puppenauswanderung hatte stattgefunden.

Das Bett, in das Fritzi gestern noch ihre älteste Tochter, die große Christine, schlafen gelegt hatte – leer. Die Angehörigen Christinens hinweggefegt, als ob sie nie dagewesen wären. Meine blonde Fanchette, die freilich von der Blondheit nur noch den Ruf besaß – denn eine geduldige Friseurin war ich nicht –, ebenfalls unauffindbar. Wir kramten vergeblich nach ihr in unsern Laden, durchforschten alle Schränke und Winkel. Wir liefen ins Kinderzimmer und klagten die armen kleinen Brüder des Raubes unserer Puppen an. Dass wir auch im vorigen Jahre kurze Zeit vor Weihnachten denselben Jammer erlebt und dann unter dem Christbaum ebenso viele Puppen, als wir vermisst hatten, mit glänzend lackierten Gesichtern, reichem Gelock und schön gekleidet sitzen sahen, fiel uns nicht ein. O, wir waren dumme Kinder! Ich glaube nicht, dass es heutzutage noch so dumme Kinder gibt.

MARIE VON EBNER-ESCHENBACH

Bäume leuchtend, Bäume blendend,
überall das Süße spendend,
in dem Glanze sich bewegend,
alt und junges Herz erregend –
solch ein Fest ist uns bescheret,
mancher Gaben Schmuck verehret;
staunend schaun wir auf und nieder,
hin und her und immer wieder.

JOHANN WOLFGANG VON GOETHE

Das ist Weihnachten bewahren.

Ich beschließe zu vergessen,
was ich für andere getan habe,
und will mich daran erinnern,
was andere für mich taten;
und mich nach einem Platz umsehen,
wo ich ein paar Saaten
Glücklichsein
säen kann.

HENRY VAN DYKE

Weihnachten ist keine Zeit,
sondern ein Seelenzustand.
Frieden und Wohlstand zu schätzen
und voll Dankbarkeit zu sein,
das bedeutet,
*den wahren Geist
der Weihnacht*
erkannt zu haben.

CALVIN COOLIDGE

… UND EINE

KURZE ZEITENSPANNE

RUHT

DIE WEITE ERDE,

UND DAS FLÜSTERN

SCHWEIGT. …

HUGO MARTI

Stille Nacht,
Heilige Nacht!
Alles schläft, einsam wacht
nur das traute, hochheilige Paar.
Holder Knabe im lockigen Haar,
schlaf in himmlischer Ruh,
schlaf in himmlischer Ruh.

Stille Nacht, Heilige Nacht!
Gottes Sohn, o wie lacht
Lieb aus deinem göttlichen Mund,
da uns schlägt die rettende Stund,
Christ, in deiner Geburt,
Christ, in deiner Geburt.

JOSEPH MOHR

Jedes Mal,
wenn ihr einander anseht
mit den Augen des Herzens,
mit einem Lächeln auf den Lippen,
ist Weihnachten.

AUS BRASILIEN